MW01710925

ÉDITIONS DE LA PAIX

Pour la beauté des mots et des différences

Charles-É. Jean

Illustrations Nicole Sarrazin Blondin

REMUE — MÉNINGES

·ÉDITIONS DE LA PAIX·

RÉIMPRESSION

Dépôt légal 4e trimestre 1994
Bibliothèque nationale du Québec
Bibliothèque nationale du Canada

Imprimé au Canada

Révision Jacques Archambault

Éditions de la Paix
127, rue Lussier
Saint-Alphonse-de-Granby
Québec J0E 2A0
Téléphone et télécopieur **(450) 375-4765**
Courriel **info@editpaix.qc.ca**
Site WEB **http://www.editpaix.qc.ca**

ISBN 2-921255-24-3

PRÉFACE

Des problèmes peuvent-ils être petits et amusants ?

Par définition, un problème est essentiellement une difficulté déroutante devant laquelle on se trouve démuni, incompétent, voire dévalorisé. Alors, monsieur-tout-le-monde peut-il vraiment s'amuser à résoudre des problèmes ?

Préparez-vous à recevoir un choc : ces *Petits problèmes amusants* savent plaire et se faire aimer ! Le succès du premier tome à travers le monde en est la preuve indiscutable. Si vous avez entre 7 et 107 ans, ce deuxième recueil intitulé *Remue-méninges* vous fera vivre encore une fois une expérience stimulante... et vous introduira définitivement dans la classe de ceux et celles qui savent rire tout en réfléchissant.

Spécialiste renommé des jeux mathématiques, Charles-É. Jean vous convoque en effet à une aventure où les meilleurs seront les plus imaginatifs, les plus créatifs, voire les plus intelligents. Mais soyez assurés que l'auteur fera goûter aussi un plaisir inoubliable aux personnes qui se croient moins douées en mathématique parce que ce seront elles qui auront peut-être les meilleures solutions...

Alors, qui que vous soyez, amusez-vous bien !

Robert Larin

DU MÊME AUTEUR

Ouvrages

Des activités mathématiques pour une classe. Éditions du Losange, 1973.
Mini-jeux magiques. Éditions du Losange, 1974.
Distractions mathématiques. Éditions de l'Homme, 1977.
Évasions calculées. Modulo, 1982.
Enjeux de mots. Éditeq, 1986.
Au jeu ! GRMS, 1988.
Au royaume des chiffres. Éditeq, 1989.

Articles dans le *Bulletin AMQ*

L'implantation des programmes de mathématique au secondaire, mars 1980.
Les nombres palindromes, mai 1981.
Les suites arithmétiques, octobre 1985.
Une nouvelle approche pour la construction de carrés magiques d'ordre 5, décembre 1988.
Les nombres trapézoïdaux, mars 1991.

En préparation

Dictionnaire de la mathématique récréative.

AVANT - PROPOS

Résoudre des problèmes est un processus utile en toutes circonstances. Il faut développer et enrichir ce processus par des mises en situation adaptées, significatives et pertinentes. La diversité des situations de ce livre permettra, sans aucun doute, de progresser dans l'art de trouver des solutions et de se convaincre que bien des événements peuvent susciter des problèmes. Dès lors, poser un problème, c'est souvent le résoudre, pour paraphraser l'adage.

Ce livre contient 150 problèmes et leur solution. Certains se situent plus dans un contexte de divertissement et font appel à l'imagination créatrice. D'autres exigent de replacer les faits dans un contexte logique. Enfin, certains comportent des éléments de diversion. De façon générale, les connaissances mathématiques nécessaires sont minimes.

Dix problèmes scolaires anciens apparaissent à la fin du livre. Ils y ont été ajoutés afin de montrer la réalité économique du début du vingtième siècle et les valeurs véhiculées dans les écoles d'alors. Les solutions sont aussi données.

Une façon d'utiliser ce livre, c'est de travailler, ou mieux, de jouer en équipes. Une personne fait la lecture du problème et les autres tentent d'apporter une solution. Il se peut que, compte tenu de la compréhension donnée à certains mots ou encore des images que ces mots évoquent, des personnes favorisent des solutions autres que celles de l'auteur. Dans ce cas, la discussion en équipe pourra être intéressante et fructueuse. Ce qui est enrichissant dans la résolution d'un problème, c'est la démarche empruntée pour parvenir à une solution.

Bonne lecture !

Charles-É. Jean

1

Si une bouteille pleine équivaut à deux bouteilles à moitié pleines, est-ce qu'une bouteille vide équivaut à deux bouteilles à moitié vides ?

2

Un homme et un homme forment une paire d'hommes. Une mitaine et une mitaine forment une paire de mitaines. De combien de mitaines auront besoin deux paires d'hommes ?

3

Désiré Lagacé dit à ses amis :

— Il y a dix ans, j'avais 15 ans.

Il s'arrête dix secondes pour réfléchir et poursuit :

— Dans dix ans, j'en aurai 36.

Tous ses amis s'esclaffent, car il n'a pas tellement la réputation de savoir compter. Mais Désiré sait qu'il a raison. D'abord, pourquoi Désiré s'est-il réuni avec ses amis ?

4

Les proverbes sont une source de sagesse... et de divertissement. Ici, et pour d'autres charivaris semblables dans ce recueil, la phrase donnée ressemble phonétiquement à un proverbe connu. À quel proverbe vous fait penser cette phrase : **Le petit vient en nageant** ?

5

Toussaint Saint-Jean parcourt d'un bout à l'autre la rue Saint-Germain à Rimouski et constate qu'il y a trois églises dans cette rue. Arrivé au bout de la rue, il dit : *Je ne suis passé devant aucune église*. Pouvez-vous expliquer cela ?

6

Emma Lacasse-Toutant attache à la suite dix bouts de corde de vingt centimètres chacun. La perte pour chaque nœud est d'un centimètre. Quelle est la longueur totale de la nouvelle corde ainsi obtenue ?

7

Yvan D. Poisson et Éva Chassé-Lamouche vont à la pêche. Yvan prend 10 éperlans en deux heures. Éva, par un coup de chance, en prend 10 de plus dans le même temps. Combien Yvan et Éva ont-ils pris d'éperlans ?

8

Otto Jetté, un sexagénaire, fait toujours ses courses aller-retour en autobus, d'autant qu'il y a un arrêt juste devant chez lui. Or, un vendredi matin, l'autobus s'arrête en face du domicile d'Otto pour le faire monter. Pourtant, Otto n'est jamais revenu en autobus. Pouvez-vous expliquer cette absence ?

9

Au lever, Valentin D'Amours demande à son amie, Aurore Beausoleil :

— Quel jour est-ce ?

— Il y a trois jours, répond-elle, c'était le lendemain du vendredi.

— Aujourd'hui, reprend Valentin, nous sommes...

Aurore lui coupe la parole et dit :

— Ce que je veux savoir : quel jour serons-nous demain ?

10

Julien et Juliette ont les deux mêmes grands-pères et les deux mêmes grands-mères. Pourtant, ils ne sont pas frère et sœur. Comment cela se peut-il ?

11

Un poète mal en point a décidé de ne mettre aucune virgule ni aucun point dans le livre qu'il faisait publier.

Quand j'ai feuilleté son livre, je me suis rendu compte qu'il y avait au moins un point par page. J'en ai fait la remarque à l'auteur et il m'a répliqué que le livre avait été vérifié par l'éditeur.

Qui doit-on blâmer, l'auteur ou l'éditeur ?

12

Pour fêter son vingtième anniversaire de naissance, Richard Lechasseur va à la chasse avec son amie Perpétue Lelièvre.

Dès leur arrivée dans la forêt, ils voient deux lièvres. Un peu plus tard, trois perdrix fuient devant eux. Plus tard, ils sont tout surpris d'apercevoir un chevreuil accompagné de son petit. À la fin de la journée, même s'ils ont vu un certain nombre de bêtes, ils n'en ont tué aucune.

Quel âge a Richard Lechasseur ?

13

Si j'avais été propriétaire d'un hôtel d'une vingtaine d'étages, quel problème aurais-je posé ici ?

14

Troisfoistrois Allard Phaneuf a été absent de son domicile pendant tout le mois de juillet 1993. Jacinthe Moreau-Bordeleau a également été absente durant tout le mois d'octobre de la même année.

L'un d'eux a-t-il été plus longtemps absent que l'autre ?

15

Comment appelle-t-on, en un mot composé, un portier qui accueille les gens à l'entrée d'une boîte de nuit ?

16

Marie-Soleil converse avec Marie-Lune. Marie-Soleil dit :

— Il a plu beaucoup aujourd'hui. Un proverbe dit : *S'il pleut lundi, le soleil poindra mardi.*

— Alors, de dire Marie-Lune, je fais un pari avec toi. Je perds s'il pleut ; tu gagnes s'il fait soleil.

Qui gagnera le pari ?

17

Le village de Sainte-Sorcière compte exactement 350 habitants. Le maire a convoqué tous les contribuables à une réunion. Il leur dit :

— Devant moi, il y a 250 personnes qui habitent le village et 20 personnes du village voisin, Saint-Bardeau.

Combien y a-t-il de personnes dans la salle ?

18

On a jeté Daniel dans la fosse aux lions. Heureusement, ayant été prévenu, Daniel a sorti de sa poche un appareil qu'il avait inventé : un mini-fusil qui lance des ondes sonores permettant de geler un animal. Aucun lion n'a été gelé, et Daniel ne fut pas attaqué.

Comment est-ce possible ?

19

Deux sœurs ne sont pas nées la même année. Aucune n'est née prématurément et elles ont moins de six mois d'écart d'âge.

Quelle est l'explication ?

20

Hiboit Lalcool et son amie, Vodka Tassé, vont dans un bar avec quatre copains. Après deux heures passées ensemble, ils quittent le bar, les uns après les autres, à cinq minutes d'intervalle. Combien de temps s'est écoulé entre le départ du premier et celui du dernier ?

21

Le prof. Fabien Laclasse demande à Justin Bécile qu'elle est la différence entre 3 fois 7 et 7 fois 3 ?

Que répondriez-vous si vous étiez Justin Bécile ?

22

Après avoir vidé une bouteille de champagne avec ses amis, Éloi D. Grisé met une bille dans la bouteille et fixe le bouchon en place. Il dit à ses amis : Je vais faire sortir la bille sans briser la bouteille ni retirer le bouchon.

Comment s'y prendra-t-il ?

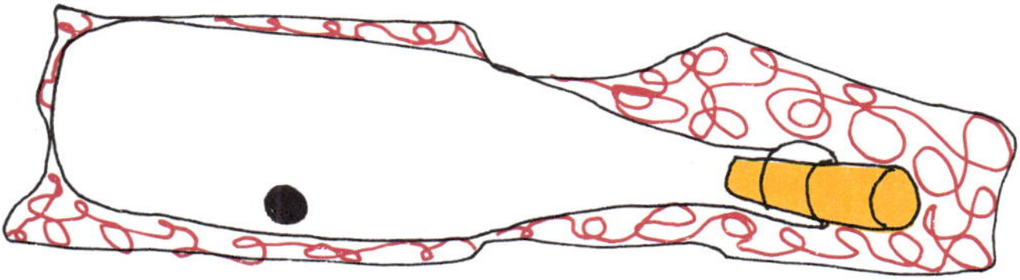

23

Yves Rogne est assis à une table dans un bar en compagnie de cinq jeunes filles. Il voudrait embrasser celle qu'il préfère sans que les autres découvrent laquelle est sa préférée.

Que feriez-vous à sa place ?

24

Quelle est la différence entre une feuille d'érable et un castor ?

25

À quel proverbe fait penser cette phrase : **Jambe malfamée n'a pas d'orteil** ?

26

Paul Itique aime bien les raisonnements qui embrouillent les gens. Un bon matin, il dit à son ami :

— Avant-hier, nous étions au vingtième siècle. Après-demain, ce sera le quatrième jour du vingt et unième siècle.

D'après vous, quelle est la date et l'année de ce jour ?

27

Comment appelle-t-on, en un mot composé, un cataclysme sismique qui brise la croûte terrestre ?

28

Aimé Lamarche a choisi l'autobus comme seul moyen de transport. Chaque lundi, il va acheter des journaux étrangers dans un magasin spécialisé. Comme toujours, lundi dernier, il s'est rendu à cette boutique, mais cette fois, il n'a pas pris l'autobus pour revenir.

Pouvez-vous expliquer pourquoi ?

29

Sur une lointaine planète, 8 multiplié par 4 donne 36. Sur cette même planète, combien donne la moitié de 32 ?

30

Claude et Rolland ont fait un voyage d'un an dans trois pays d'Amérique du Sud. Ils sont revenus avec un bébé, même s'ils n'en ont pas adopté.

Pouvez-vous expliquer cela ?

31

Le 26e premier ministre du Québec et le 29e avaient le même petit-fils.

Avez-vous une explication ?

32

Lise Heuse achète un livre qu'elle paie 53 dollars, taxes comprises. Elle remet à la caissière un billet de 20 dollars, trois billets de 10 et trois pièces d'un dollar, ce qui fait en tout sept pièces et billets. Son frère Marc lui dit :

— La semaine dernière, j'ai fait un achat de 53 dollars. Je n'avais pas de pièces de monnaie, donc pas un seul huard. Pourtant, j'ai donné sept billets.

Marc se moque-t-il de Lise ou a-t-il raison ?

33

Mario et Marius sont jumeaux. Ils ont la même mère, mais ils n'ont pas le même père. Pourquoi ?

34

Comment peut-on appeler des bottes à la mode ?

35

En quel matériau était la croix plantée à Gaspé par Christophe Colomb ?

36

Mario Divan a acheté une maison de forme carrée dont le périmètre mesure 40 mètres au total. Son amie, Nathalie Sofa, possède une maison de forme rectangulaire dont le périmètre mesure également 40 mètres. Nathalie soutient que le plancher de sa maison occupe plus d'espace que celui de la maison de Mario, parce que son terrain est plus profond. Mario soutient le contraire.

Qui a raison ?

37

Je suis un animal. Mon habitation est bâtie avec les lettres de mon nom. Qui suis-je ?

38

Quatre amis qui se suivent découvrent une particularité dans leur prénom par rapport à la mesure du temps. Les trois premiers dans l'ordre s'appellent Sébastien, Octave et Noémie. Qui de Pascal, Jérémie ou Désiré est le quatrième ?

39

En un mot composé, comment appelle-t-on un cervidé qui, tout en faisant de longues enjambées, ne pose pas les pieds par terre ?

40

Ovide Ange est un acrobate assez spécial. Il se vante de pouvoir placer dix chaises de jardin l'une derrière l'autre, d'enlever son gilet et de passer par-dessus en un seul mouvement. Le croyez-vous ?

41

Fanfan Taisiste se trouve avec une de ses amies devant une porte fermée munie d'un passe-lettres.

— Je peux, lui dit-il, passer ma tête à l'intérieur de la pièce sans ouvrir la porte ni la briser.

— C'est absolument impossible, reprit l'amie. La fente est trop étroite.

Comment s'y prendra Fanfan ?

42

On ne croit jamais Yman Toutemps, bien qu'il dise presque toujours la vérité. À la saison des vins, à l'automne, il devient très nerveux. Yman se dit que tout le monde devrait le croire à cette époque.

Pourquoi est-il nerveux ?

43

Alain Thérieur et Alex Thérieur sont cousins. Pour lui faire plaisir, Alex donne une boîte de chocolats à Alain. Alex lui dit alors :

— Je peux toucher la boîte de chocolats à l'intérieur et à l'extérieur sans l'ouvrir.

Comment s'y prendra-t-il ?

44

Comment appelle-t-on, en un mot composé, un bout de corde teinte en bleu ?

45

Il est parfois intéressant de mesurer sa rapidité de lecture. Voici une phrase qu'il vous faut lire pour montrer vos talents :

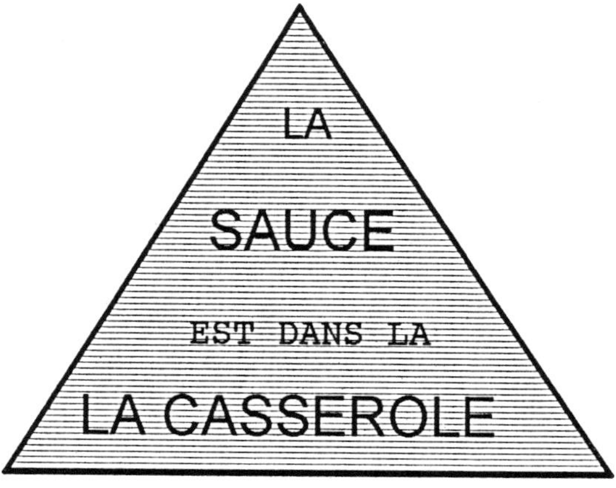

46

Frédéric Lenoir adore la nuit parce qu'il aime l'obscurité. Il a épousé Marguerite Leblanc qui adore le jour parce qu'on y voit clair. Frédéric et Marguerite ont eu un enfant dont le surnom est Mix. Quelle est la couleur préférée de Mix ?

47

La chèvre de Pierre Deschamps broute en liberté dans un champ d'environ 2500 mètres carrés. Pierre se rend au marché et achète une solide corde de 25 mètres. Revenu chez lui, il cherche attentivement le meilleur endroit pour attacher la bête. Dans le premier coin, il y a un étang ; dans le deuxième coin, il y a des ballots de fourrage et dans le troisième, du matériel agricole. Pierre Deschamps décide d'attacher la corde au piquet du quatrième coin. À peine a-t-il attaché la corde que la chèvre a déjà mangé des choux à plus de 50 mètres.

Que s'est-il passé ?

48

À quel proverbe vous fait penser cette phrase : **C'est en se mouchant qu'on devient moucheron** ?

49

Un palindrome est un mot qui se lit dans les deux sens. Si je vous dis que le prénom d'une femme est palindrome, que son nom de famille est palindrome et que ses initiales sont A. L., pouvez-vous trouver ses nom et prénom ?

50

Le fils du grand-père de Roch Ailleur est le grand-père du fils de Roch.

Cette proposition est-elle vraie ou fausse ?

51

Émile Vincent se vante de faire des calculs rapides, même avec des fractions. Paul-Y. Gone, un passionné de la logique des mots, lui demande :

— Peux-tu me dire ce qu'est le double de la moitié d'un tiers ?

Émile Vincent lui donne une réponse, mais Paul-Y. Gone ne l'accepte pas. Comment cela se fait-il, puisque Émile est sûr d'avoir bien calculé ?

52

Dans une famille reconstituée, deux demi-frères ne sont pas parents. Est-ce vraiment possible ?

53

Lucie D. Chaussée affectionne les chaussures. Entre autres, elle a acheté trois paires de souliers rouges identiques et deux paires de souliers bleus identiques. Comble de manie, elle porte toujours un soulier bleu et un soulier rouge. Enfin, elle est très économe et prend grand soin de ses souliers. Combien de paires différentes pourra-t-elle porter au minimum ?

54

Si j'ajoute 2 à 3, qu'est-ce que j'obtiens ?

55

Aimé Cole se mit à détester l'école et abandonna ses études avant la fin de son cours secondaire. Toutefois, il trouva immédiatement un emploi à temps partiel : changer les toiles des murs d'un musée. Pourquoi a-t-il trouvé cet emploi si rapidement ?

56

Gilles Lalune demande à Maryse Mars, sa petite amie :

— Quel jour sommes-nous ?

Maryse répond :

— Il y a trois jours, c'était l'avant-veille de mercredi.

Quel jour est-ce pour Gilles et Maryse ?

57

Comment appelle-t-on, en un mot composé, un bandage qui entoure la poitrine et les côtes d'une personne ?

58

À quel proverbe vous fait penser cette phrase : **Si jeunesse lavait, si vieillesse repassait** ?

59

Mario Net montre cette pièce de calendrier :

1	**2**	**3**	**4**
8	**9**	**10**	**11**
15	**16**	**17**	**18**
22	**23**	**24**	**25**

Il dit alors à sa sœur Blanche :

— Choisis quatre nombres dans le tableau : un nombre dans chaque rangée horizontale. Les nombres choisis doivent également apparaître dans chacune des quatre rangées verticales. Fais la somme des quatre nombres. Ne me donne pas le résultat, je vais le deviner.

Comment Mario peut-il le deviner ?

60

Alban et Bertrand sont demi-frères l'un de l'autre. Bertrand et Calmant sont demi-frères l'un de l'autre. Alban et Calmant ne sont pas demi-frères l'un de l'autre. Est-ce possible ? Si oui, comment ?

61

Avoir la trouille, c'est avoir peur. Valère a peur des chiens et des chats. Valérie qui a peur des chiens et des chats, a peur aussi des araignées et des maringouins. À quelle période de l'année sont-ils ?

62

Partagez onze en deux parties égales et entières.

63

Une décennie est une période de dix ans. Il y a au plus trois années bissextiles dans une décennie. Se peut-il qu'une décennie ait 3 651 jours ?

64

Quel est le résultat de 9 divisé par 1/3 ?

65

Mon premier recouvre le corps.
Mon deuxième soutient le corps endormi.
Mon troisième, en anglais, tue le corps.
Mon tout est une figure géométrique.
Qui suis-je ?

66

Dans toute la langue française, il n'y a qu'un mot « qui ne porte pas par terre » et qui contient une seule consonne et les cinq voyelles a, e, i, o, u.

Quel est ce mot ?

67

Prof Décole a vérifié les connaissances des voyelles de ses élèves. Il remet les résultats d'un examen calculé sur cinq points. Il dit :

— Arthur a obtenu deux points, Benoît, trois points, Caroline, quatre points. Je n'aurais pas été obligé de corriger l'examen, car je connaissais les résultats à l'avance.

Quel est le résultat de Julie ?

68

À quel proverbe vous fait penser cette phrase : **Le soleil cuit partout à la ronde** ?

69

Qu'y a-t-il de particulier dans ce texte ?

Pendant que la tempête s'élevait calmement, Menu Legros, abondamment dépourvu d'intelligence, s'apprêtait à frauder loyalement. Pour cela, il devait mentir assurément.

70

Quel mot de quatre lettres se trouve au dictionnaire entre **FRÉTILLEMENT** et **FRILEUX** ?

71

Jean-É. Coupé est coiffeur depuis 35 ans. Il aime tellement son métier qu'il marche toujours le long des murs quand il circule en ville.

Pourquoi ?

72

Trouvez la bonne définition du mot **toton** parmi les trois suggérées :

a) Une personne qui importune inlassablement.

b) Un dé traversé par une cheville.

c) Le frère de votre père.

73

Dans l'addition suivante, chaque lettre identique remplace un chiffre. Il vous faut découvrir le plus rapidement possible le chiffre correspondant à chaque lettre :

	F	**L**	**I**	**C**
+	**F**	**L**	**I**	**C**
	F	**L**	**I**	**C**
	9	**0**	**4**	**5**

74

Le Père Méable craint les fortes précipitations de pluie. Pour chasser ses craintes, il joue avec les chiffres. Il vient de trouver une façon de représenter 9 avec deux 8 et deux 7.

Pouvez-vous trouver laquelle ?

75

Annette, Brunette et Claquette sont chacune la demi-sœur de l'autre, mais aucune n'est la sœur de l'autre. Cette situation est-elle possible ? Si oui, expliquez.

76

Au pays des géants, un concombre pèse un kilogramme et un demi-concombre. Combien pèsent deux concombres ?

77

Une bache a bêlé et a donné un beau. Dans cette phrase, une lettre a été remplacée par une autre dans certains mots. Trouvez la phrase originale.

78

L'institutrice Armande Moisan explique encore à ses élèves :

— 15 multiplié par 15 donne 325. Si je multiplie 25 par 25, j'obtiens 625. Si je multiplie 35 par 35, j'obtiens 1225. Quel sera le résultat de 45 multiplié par 45 ?

Nicole Brillant rétorque :

— Je sais que le résultat se termine toujours par 25, mais comment trouver les premiers chiffres ?

Aidez Nicole à résoudre ce petit problème.

79

Cécile Logiste, professeure de logique, a dit : **Veau frais** lors d'un cours. Qu'aurait-elle dû dire ?

80

Compi Lateur a dressé la liste de tous les catalogues existant au Québec. Il a publié le *Catalogue des catalogues*. Il pensait bien avoir inscrit tous les catalogues. Pourtant, il en a oublié un. Lequel ?

81

Des amis discutent dans une pièce de forme carrée. Ils sont assis de façon à former également un carré. Il y en a cinq contre chacun des quatre murs. Combien y a-t-il de personnes dans la pièce ?

82

Marie Beauchemin n'aime pas la cigarette. Pourtant, au cours de son dernier voyage, le train s'est arrêté six fois, et elle est descendue à chaque gare pour se détendre.

Marie est-elle une fumeuse ?

83

On s'endort souvent en comptant des moutons. Le principe du berger est une méthode qui permet de calculer le nombre des moutons dans un enclos.

Pouvez-vous énoncer ce principe ?

84

Phil Couture a cousu ensemble cinq vieilles chemises pour en faire un ouvrage d'artisanat qu'il présentera à une exposition. Quel jour de la semaine aura lieu cette exposition ?

85

Émile Petit-Larousse demande à son assistant, Alec Thure, de ranger 780 livres dans des boîtes qui peuvent contenir soit 100 livres, soit 10 livres chacune. Émile avertit :

— Alec, n'oublie pas de prendre les deux catégories de boîtes et d'en utiliser le moins possible.

Après réflexion, Alec a décidé de placer les livres dans neuf boîtes. Quel raisonnement a-t-il fait ?

86

Paule-Y. Copie rencontre sa meilleure copine, Aline Stimable, et lui demande si elle aime bien le cours de biologie donné par Françoise. Aline répond :

— Je travaille fort, mais je n'obtiens pas de bons résultats. C'est décourageant. Eh bien oui, je le répète, c'est décourageant !

Quel est le nom de famille de Françoise ?

87

Nathalie Rousseau préférerait avoir Ruisseau comme nom de famille. Elle envie le ruisseau. Elle voudrait bien être comme lui et dormir plutôt que d'aller à l'école.

Pourquoi donc ?

88

Il existe des tables qui n'ont pas de pieds. Pouvez-vous en nommer au moins une ?

89

Alpha, Bêta, Gamma et Delta Gréco sont des quadruplées. Elles sont toujours habillées de façon identique de la tête aux pieds. Leur mère qui fait toujours les choses à moitié, n'achète que deux paires de bottes identiques. Leur père, aussi distrait que sa femme, achète deux paires de mitaines identiques. Chacune des filles prend alors une botte et une mitaine. Sont-elles encore habillées de façon identique ?

90

Épelez à l'envers : **rions noir**. Que remarquez-vous de particulier ?

91

Qui a écrit le chant du cygne ?

92

Yvon Frappé est un golfeur professionnel. Mais, lorsqu'il rate un coup facile, il pâlit et a toujours les traits tirés. Comment les golfeurs le surnomment-ils ?

93

Il tombe une bonne averse. Alain Dex traverse la rue en lisant *L'aversion des versions*. Il a la tête abritée sous son parapluie et le front couvert de sueur. Quelle est la couleur du parapluie d'Alain ?

94

Trois chattes se promènent avec leurs petits. La première en a deux ; la deuxième en a trois et la troisième, quatre. Au total, combien y a-t-il de chiots ?

95

Otto Graphe n'est pas très fort en orthographe ni en calcul. Si quatre vingt-deux donne 88, dit-il à sa sœur, que donne quatre vingt-quatre ?

96

Mon premier permet de traverser une rivière.
Mon deuxième peut marcher sur mon premier.
Mon tout prend parfois l'eau dans la rivière.
Qui suis-je ?

97

Quand on place des boules dans une boîte, il y a des espaces libres. Dédé Corateur place neuf cubes identiques, tous accolés les uns aux autres, dans une boîte de forme cubique. Quel espace sera perdu ?

98

Qu'est-ce qui va de Gaspé à Rimouski sans se mouvoir ?

99

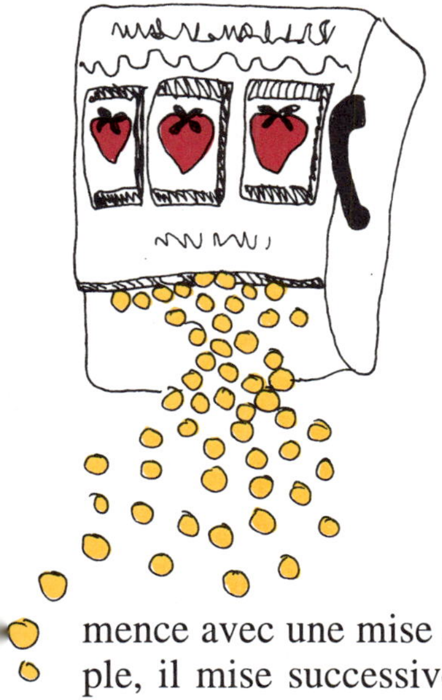

Martin Gale aime le casino. Il joue à une machine qui double le montant de la mise en cas de gain. Martin dit avoir trouvé un truc pour toujours gagner. Il mise d'abord un dollar. Quand il perd, il double sa mise d'une fois à l'autre jusqu'à ce qu'il gagne. Puis, il recommence avec une mise d'un dollar. Par exemple, il mise successivement 1, 2, 4, 8 et 16 dollars. Il a dépensé 31 dollars et en perçoit 32, un gain d'un dollar. Croyez-vous à ce truc ?

100

La mère de Nathalie vit depuis plusieurs années dans le village de Saint-Dimanche. Elle a trois enfants. Le plus âgé s'appelle Lundi et le plus jeune, Mercredi. Comment s'appelle l'enfant né entre les deux ?

101

Zoo Logique lie un bouc à une corde. La corde se casse. Le bouc est libéré. Avec quelle arme Zoo pourra-t-il se défendre ?

102

Dans le village de Saint-Décembre, les habitants ont pour nom de famille les mois de l'année. Sylvie Mars a trois enfants. Justin Septembre en a neuf. Caroline Juillet, sept. Combien Séverin Avril a-t-il d'enfants ?

103

Quelle est, en français, la voyelle la plus mauvaise ?

104

Jules Lemagicien vous montre deux dés. Les deux faces d'en avant sont 2 et 3. La somme des points visibles est donc de 5. Quelle est la somme des points des deux faces d'en arrière ?

105

Que faut-il enlever à 10 pour obtenir 1 ?

106

Si 3 est égal à 5, alors 0 est égal à 4.

Supposons que 3 est égal à 5 :	3	=	5
Je multiplie chaque nombre par 2 :	6	=	10
J'enlève 6 de chaque côté :	6 - 6	=	10 - 6
J'obtiens donc	0	=	4

Pouvez-vous expliquer ce résultat ?

107

Sylvain Petit-Bureau reçoit deux membres de son centre de conditionnement physique. Il étudie leur dossier et dit :

— Toi, Clément Legros, tu mesures 1 m 80. Toi, Daniel Legrand, tu mesures 180 cm. D'après vos dossiers, pourtant, vous n'avez pas la même taille.

Croyez-vous que Sylvain peut avoir raison ?

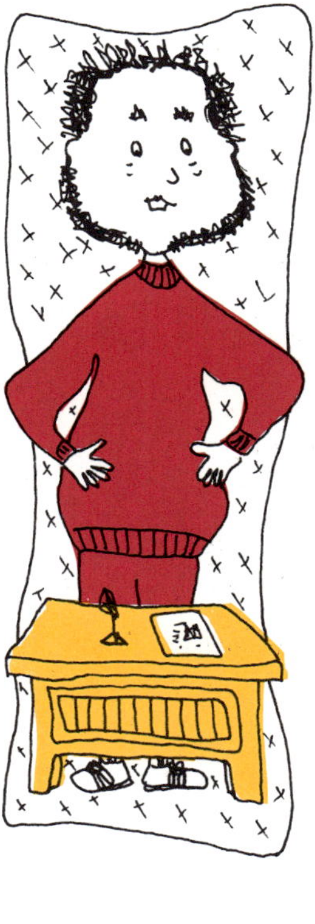

108

À quel proverbe vous fait penser cette phrase : **Une rondelle ne fait pas de *sur-temps*.**

109

Éva Sèpesé a décidé de s'inscrire à une cure d'amaigrissement. Pendant cette cure, son poids diminue de trois kilogrammes le jour et augmente d'un kilogramme la nuit. Le 15 mai au soir, Éva pèse 98 kilogrammes. Le 17 mai, deux jours plus tard, elle se pèse dès son lever et le pèse-personne marque 97 kilogrammes. Éva est découragée. Elle n'a perdu qu'un kilogramme en deux jours. Comment cela se fait-il ?

110

Lucie Fère voulait gagner son ciel. Elle avait entendu dire que si elle allait 100 fois à l'église en une année, elle éviterait 100 ans de purgatoire. Un jour, elle se rend à l'église, récite une prière et sort. Elle répète son manège jusqu'à ce qu'elle ait son total de 100 fois. Presbi Thère, lui, pour les mêmes raisons, va à l'église trois fois de plus. Combien d'années de purgatoire seront évitées à Presbi ?

111

Quelle lettre est toujours au centre du jeu ?

112

Dans un espace sidéral, loin de notre galaxie, les pruniers sont garnis d'un nombre infini de prunes. Pour la vente, Extra Vagante cueille 100 000 gros paniers de prunes. Existe-t-il encore un nombre infini de prunes ?

113

Bella Compte se sert de sa calculette pour faire l'opération suivante : 63 + 28. Sa petite sœur, Débrouille, lui dit :

— Je peux trouver la réponse avec la calculette sans utiliser la touche d'addition et sans faire de calcul mental ou écrit.

Comment Débrouille s'y prendra-t-elle ?

114

À quel proverbe vous fait penser cette phrase : **Les durs ont des orteils** ?

115

Une chaîne de télévision présente en soirée quatre émissions d'une heure et à la fin de chacune, cinq minutes de publicité. La première émission commence à 18 heures. À quelle heure se terminera la quatrième ?

116

Désiré Desmaisons est un travailleur de la construction. Désiré prend deux échelles de 12 barreaux chacune et les met bout à bout. Quel est le nombre d'espaces entre les barreaux ?

117

Nicolas veille avec amour à l'éducation de ses deux enfants âgés de cinq et de sept ans. Il faut dire qu'il est le maire de la ville et que tout le monde l'apprécie. Comment appelle-t-on Nicolas ?

118

Maryse-B. Névole vend des billets de participation à un tirage au bénéfice d'une association humanitaire. Un livret coûte 2 dollars. Maryse a donc besoin de coupures de 2 dollars pour rendre la monnaie. Elle rencontre Anna Gagné et lui dit :

— Aurais-tu des coupures de 2 dollars pour un 10 ?

— Je prends un livret, reprend Anna. Je te donne 8 dollars. Avec mon billet de 2 dollars, cela fait bien 10 dollars.

Maryse n'est pas d'accord. Selon vous, laquelle a raison ?

119

Ce sont deux animaux de ferme. Leur nom s'écrit avec les mêmes lettres, sauf que l'un d'eux n'a pas d'**L**. Quels sont-ils ?

120

Sur la planète Cupidon, 90 % des Cupides boivent chaque jour du lait de vacheron et 90 %, du jus d'orangerie. Tout Cupide consomme une ou deux de ces boissons. Quel pourcentage de Cupides boit chaque jour du lait de vacheron et du jus d'orangerie ?

121

Un homme et un homme forment une paire d'hommes. Une mitaine et une mitaine forment une paire de mitaines. Quelle différence y a-t-il entre une paire d'hommes et une paire de mitaines ?

122

Albumine Brouillette est en train de faire une omelette. Elle pense à ses deux frères qui ont chacun cinq fils et à sa sœur qui n'en a aucun. Combien d'œufs Albumine a-t-elle mis dans son omelette ?

123

Le chien de Jarbin ronge un os. Le chien de Jarcin ronge deux os. Le chien de Jardin en ronge trois. Quel est le juron préféré de ces personnages ?

124

Fa Mine a un fils qui s'appelle Do. Do a un fils qui s'appelle Ré. Ré a un fils qui s'appelle Mi. Lequel des trois est le plus petit ?

125

Un mois dans l'année est plus long que les autres. Lequel ?

126

À quel proverbe vous fait penser cette phrase : **L'ami ne mange pas d'avoine** ?

127

Mon premier est utile à la loterie.
Mon deuxième ne sent pas bon.
Mon troisième est une boisson.
Mon tout tient à son siège.
Qui suis-je ?

128

Un baba beigne son boubon. Dans cette phrase, la même lettre a été remplacée par une autre dans certains mots. Trouvez la phrase originale.

129

Un trio d'enfants est en file. Un trio de femmes file. Un trio d'hommes se faufile. Un trio de chats roupille. Combien y a-t-il de rouets ?

130

Julie Roman reçoit en cadeau un magnifique crayon sur lequel ses initiales sont gravées. Le crayon est de forme hexagonale. Combien ce crayon a-t-il de faces ?

131

Pendant l'été, toutes les lettres de l'alphabet sont invitées à prendre le thé à 15 heures pile. Quelles lettres arriveront en retard ?

132

Quels sont les trois mots d'une même expression qui contiennent le plus de lettres ?

133

Irvin Chiffrier s'amuse à combiner des chiffres. Il trouve facile de représenter 24 avec trois 8 : 8 + 8 + 8. Sa petite sœur lui demande de représenter 24 avec trois 2. Pouvez-vous aider Irvin ?

134

Dans sa tribu, Géant Vert fait la récolte du maïs. Chaque jour, il cueille une centaine d'épis et affirme que chaque épi peut contenir jusqu'à 30 000 grains. À la fin d'une année, Géant s'exclame :

— Je suis certain d'avoir cueilli au moins deux épis ayant le même nombre de grains.

Pensez-vous que Géant a raison ?

135

Quel est le mot qui commence par E, qui finit par E et qui contient une lettre ?

136

Emmanuelle travaille sur une chaîne de montage avec 10 compagnons et 15 compagnes. Deux contremaîtres surveillent les opérations. Combien y a-t-il de personnes qui œuvrent dans cette entreprise ?

137

Rémi Graine découpe deux jetons. Sur un jeton, il inscrit 1 et sur l'autre 6. Combien Rémi peut-il former de nombres de deux chiffres ?

138

Marguerite Larose a préparé six bouquets de roses. Le premier contient 2 roses ; le deuxième en contient 3 ; le troisième, 5 ; le quatrième, 8 et le cinquième en contient 12. Combien de roses contient le sixième bouquet ?

139

Chaque matin et chaque midi, Constance D. Prime se rend au 21e et dernier étage d'un building pour son travail. Après cinq jours, elle a franchi 20 étages. Comment est-ce possible ?

140

Aimée Labière est devant son réservoir contenant 20 litres de bière. Elle n'a que trois récipients vides non gradués : un de trois litres, un de cinq litres et un d'au moins huit litres. Comment s'y prendra-t-elle pour avoir exactement quatre litres de bière dans le plus grand récipient vide, et cela sans aucune autre mesure ?

Souvenirs anciens

Les problèmes arithmétiques de l'école d'autrefois étaient reliés à la société de l'époque. Les dix problèmes suivants sont extraits de quatre manuels scolaires en usage entre 1870 et 1911. Ils permettent de jeter un regard sur la réalité économique et sur certaines valeurs de cette société. Détail surprenant aujourd'hui : les quatre manuels ont été enregistrés au ministère de l'Agriculture.

141

« Le 6 mars 1870, G. A. Leclerc & Fils a vendu à J. St-Hilaire, savoir : 17 paires de bottes, à $3.00; le 18 mars, 19 paires de souliers, à $1.08; le 9 avril, 80 paires de bas, à $1.20; 23 paires de gants, à 75 cts. En paiement de ce compte, J. St-Hilaire a donné le 5 avril, 27 Abrégé d'histoire du Canada, à 20 cts; 100 Devoirs du chrétien, à 30 cts; le 11 mai, 7 dictionnaires, à $4.75; 19 Paroissiens dorés, à $2.93; 20 arithmétiques, à 37 cts. Quelle balance reste-t-il à payer ? »

Extrait de *Traités d'arithmétique commerciale, de mensuration et de comptabilité*, Les Frères des Écoles Chrétiennes, 1870, page 126.

142

« Pour attirer la réussite sur mon négoce, je me propose de donner $5.00 aux pauvres toutes les fois que je gagnerai $150. Combien aurai-je gagné lorsque je ferai une aumône de $100 ? »

Ibid, page 139.

143

« On a payé $9.36 pour 78 livres de sucre d'érable. Combien pourrait-on avoir de livres de sucre granulé, pour cette somme, si 3 livres de sucre d'érable coûtent autant que 7 livres de sucre granulé ? »

Extrait de *Arithmétique des écoles, cours supérieur*, Les Frères des Écoles Chrétiennes, livre du maître, 1900, page 45.

144

« Dans une fabrique où l'on emploie un nombre égal d'hommes, de femmes et d'enfants, il a fallu $1060.80 pour payer les ouvriers après une semaine de six jours de travail. Les hommes gagnent $1.75 par jour, les femmes $1. et les enfants $0.65. Combien la fabrique emploie-t-elle d'ouvriers de chaque catégorie ? »

Ibid, page 40.

145

« Un manœuvre travaille 305 jours par an et gagne $1.50 par jour. Quelles seront ses économies après 5 années de travail, s'il dépense $0.45 par jour pour la nourriture et $60 par an pour l'habillement, le logement et les autres frais ? »

Extrait de *Arithmétique, cours complémentaire*, Les Frères des Écoles Chrétiennes, 1906, page 37.

146

« Un maçon a dépensé à boire le lundi, 55 sous; le mardi, $1.05; le mercredi, 35 sous; le jeudi, $1.10; le vendredi, 80 sous, et le samedi, $2.80. Combien a-t-il dépensé pour détruire sa santé ? »

Extrait de *L'arithmétique des écoles, cours élémentaire*, par E. Robert, Les Clercs de Saint-Viateur, 1911, page 26.

147

« Un jeune homme fume pour trente sous de cigares par jour. Combien de volumes à 75 sous pourrait-il acheter par année avec l'argent ainsi gaspillé ? »

Ibid, page 65.

148

« Avec deux gallons de lait, on fabrique une livre de beurre. Combien de livres de beurre fabrique-t-on en 45 jours avec le lait de 6 vaches, si chacune donne trois gallons de lait par jour ? »

Ibid, page 69.

149

« Abraham, qui mourut âgé de 175 ans, avait à la naissance d'Isaac les 4/7 de cet âge. Quel âge avait-il ? »

Ibid, page 120.

150

« Un buvetier a servi en une semaine 1940 verres d'alcool à 8 sous l'un en moyenne. Ils lui coûtaient 43 sous par 20 verres. Combien a-t-il gagné en débitant son poison ? »

Ibid, page 72.

SOLUTIONS

1. Non. Deux bouteilles à moitié vides équivalent à une bouteille pleine et non à une bouteille vide.

2. Deux paires d'hommes correspondent à quatre hommes. Ils auront besoin de huit mitaines.

3. C'est l'anniversaire de Désiré. Supposons que le 5 juillet, à peu près cinq secondes avant minuit, Désiré commence à parler. Il a alors 25 ans. Le 6 juillet, quelques secondes après minuit, il aura 26 ans. Il aura donc 36 ans dans dix ans.

4. L'appétit vient en mangeant.

5. Toussaint Saint-Jean a prié dans chaque église. Il est entré dans chacune par une porte de côté et en est sorti par l'autre côté de telle manière qu'il n'est passé devant aucune église.

6. La corde mesure 191 centimètres. Il y a neuf nœuds et non dix.

7. La réponse n'est pas 20, mais 30 éperlans.

8. Otto n'est pas monté dans l'autobus, même si l'autobus s'est arrêté pour le faire monter. Vous vous êtes fait embarquer, je parie !

9. Aujourd'hui, c'est mardi ; mais demain, ce sera mercredi.

10. Les parents de Julien et de Juliette sont issus des deux mêmes familles. Les deux hommes sont frères et les deux femmes sont sœurs, ou encore l'un d'un couple et l'autre du second couple sont respectivement frère et sœur.

11. Ni l'un ni l'autre, car les points trouvés sont des points sur les **i** et les **j**.

12. Richard Lechasseur a 20 ans. Il fêtait son vingtième anniversaire de naissance.

13. Dans plusieurs hôtels, il n'y a pas de treizième étage. En conséquence, j'aurais tout simplement passé de 12 à 14 sans donner de problème. En fait, ai-je oui ou non proposé un problème au numéro 13 ?

14. Jacinthe a été en voyage une heure de plus à cause du changement d'heure. Le dernier

dimanche d'octobre 1993, le 31, on a reculé les horloges d'une heure. Cela donne donc une heure de plus en octobre, même si les deux mois ont le même nombre de jours.

15. Un ouvre-boîte.

16. Marie-Lune a sûrement fait une erreur, car elle est assurée de perdre son pari. S'il pleut, elle perd. S'il fait soleil, Marie-Soleil gagne ; donc, elle perd encore.

17. Il a 271 personnes. Il ne faut pas oublier le maire.

18. Il n'y avait pas de lions dans la fosse.

19. Elles sont jumelles. L'une est née le 31 décembre quelques secondes avant minuit et l'autre, le 1er janvier.

20. Il s'est écoulé 25 minutes. Il y a six personnes. Comme cinq minutes s'écoulent entre le premier et le deuxième et ainsi de suite, cela donne cinq fois cinq minutes.

21. La différence est 0. En effet, 3 multiplié par 7 donne 21 et 7 par 3 donne 21. Puis, 21 moins 21 est égal à 0.

22. Il s'agit de pousser le bouchon à l'intérieur de la bouteille. La bille sera alors accessible.

23. Il suffit d'embrasser les cinq jeunes filles.

24. La différence est quatre cents. La pièce de cinq cents affiche un castor ; celle d'un cent, une feuille d'érable.

25. Ventre affamé n'a pas d'oreille.

26. La date recherchée est le 2 janvier 2001. Si vous avez dit 2000, c'est faux, car un siècle commence par une année qui se termine par 1 comme au début du calendrier. Il faut ajouter que Paul Itique n'a pas fait ici un raisonnement qui embrouille les gens. Excusez cette diversion.

27. Un casse-croûte.

28. Il est revenu en autobus le lendemain ou un autre jour. Il est probable qu'on ne saura jamais où il est allé.

29. La moitié de 32 est 18, puisque 32 est mis pour 36.

30. Claude est une femme.

31. Il s'agit de Robert Bourassa qui a reçu deux mandats non consécutifs.

32. Marc a raison. Il a donné deux billets de 20 dollars, un de 5 dollars et quatre de 2 dollars.

33. Mario et Marius appartiennent à deux couples différents de jumeaux. De fait, ils ont la même mère, mais ne sont pas jumeaux entre eux.

34. Des bottines (des bottes *in*).

35. Ce n'est pas Christophe Colomb qui a planté une croix à Gaspé, mais Jacques Cartier. Du moins, selon l'avis des historiens.

36. Le plancher de la maison de Mario occupe plus d'espace que celui de la maison de Nathalie, mais pas pour la raison qu'elle a donnée. Je suis convaincu que vous ne le croyez pas. Alors, suivez-moi. Puisque la maison de Mario est de forme carrée et que son périmètre mesure 40 mètres, chaque côté mesure 10 mètres, d'où une superficie de 100 mètres carrés. Par ailleurs, la maison de Nathalie, étant de forme rectangulaire et mesurant 40 mètres de périmètre, la longueur est plus grande que 10 mètres et la largeur plus petite que 10 mètres. Par exemple, si la longueur est de 11 mètres, la largeur sera de 9 mètres. La superficie est alors de 99 mètres carrés. En somme, une maison de forme carrée donne plus d'espace qu'une mai-

son de forme rectangulaire de périmètre égal.

37. CHIEN. Son habitation est la NICHE.

38. Désiré est le prénom du quatrième. Le premier prénom a les deux premières lettres de septembre, le deuxième d'octobre et le troisième, celles de novembre. Le quatrième prénom devra avoir les deux premières lettres de décembre.

39. Un cerf-volant.

40. En fait, il enlève son gilet et passe par-dessus.

41. Il va écrire *ma tête* sur une feuille de papier et passer la feuille par la fente.

42. La saison des vins à l'automne est appelée saison des grands crus, alors que Yman n'est pas cru.

43. Il touchera la boîte dans la pièce où il est (à l'intérieur) et sortira avec la boîte (à l'extérieur).

44. Un cordon-bleu.

45. Vous devez lire : La sauce est dans **la la** casserole. Vous avez probablement lu : La sauce est dans **la** casserole.

46. La couleur préférée de Mix est le gris, car son père est Lenoir et sa mère est Leblanc.

47. Pierre Deschamps a oublié d'attacher la corde au cou de la chèvre.

48. C'est en forgeant qu'on devient forgeron.

49. Anna Lebel. De plus, elle demeure à Laval. Pourquoi, pensez-vous ?

50. Cette proposition est vraie.

51. Au lieu de répondre *un tiers*, Émile aurait dû dire *oui* ou encore *non*, puisque Paul-Y. base sa logique sur les mots dits. Je vous avais prévenu que Paul-Y. Gone était un passionné de la logique.

52. Ils ne sont pas demi-frères l'un de l'autre.

53. Deux paires.
1 — Un soulier rouge au pied gauche et un soulier bleu au pied droit.
2 — Un soulier bleu au pied gauche et un soulier rouge au pied droit.

54. Je peux obtenir 23, 32, 3^2 ou 2^3. On peut accepter 5 si on considère le fait d'ajouter comme une addition.

55. C'est parce qu'il avait déjà de l'expérience comme décrocheur.

56. La réponse est jeudi.

57. Un garde-côte.

58. Si jeunesse savait, si vieillesse pouvait.

59. Mario peut bien deviner le résultat, car la somme est toujours 52 indépendamment des quatre nombres choisis. Par exemple, Blanche choisit 15, 9, 24 et 4. La somme est 52. Ou encore, elle choisit 8, 16, 3 et 25, ce qui donne encore 52.

60. Voici deux situations. 1ère : Alban et Bertrand ont la même mère et non le même père. Bertrand et Calmant ont le même père et non la même mère. 2e : Alban et Bertrand ont le même père et non la même mère. Bertrand et Calmant ont la même mère et non le même père.

61. On est à l'époque de l'Halloween. Valère a deux peurs et Valérie en a quatre. Les deux amis ont ensemble six peurs, donc six trouilles (citrouilles).

62. Si on écrit onze en chiffres, on a deux 1. On pourrait peut-être aussi accepter de le diviser en ON et ZE, puisqu'il y a deux lettres dans chaque syllabe même si les lettres ne sont pas identiques. Enfin, pourquoi ne pas écrire 11 en chiffres romains et les couper d'un trait horizontal au centre : XI ?

63. Une décennie peut avoir 3651 jours, par exemple celle qui a commencé en 1897 et qui s'est terminée en 1907. Il y eut une seule année bissextile, soit 1904. En effet, 1900 ne fut pas une année bissextile, car les années se terminant par 00 doivent être divisibles par 400 pour être bissextiles.

64. Le résultat est 27 et non 3.

65. Peau, lit, gun : polygone.

66. Oiseau. Notez qu'oiseau n'a pas deux L.

67. Julie a eu trois points. Le résultat correspond au nombre des voyelles du prénom.

68. Le soleil luit pour tout le monde.

69. Il existe des contrastes comme tempête et calmement, Menu et Legros, dépourvu et abondamment, frauder et loyalement, mentir et assurément.

70. FRIC.

71. Jean-É. Coupé rase les murs.

72. La réponse est b.

73. Vu que le même nombre est additionné trois fois, on n'a qu'à diviser 9045 par 3, ce

qui donne 3015. Alors, F est mis pour 3, L pour 0, I pour 1 et C pour 5. Bref, trois flics valent 9045...

74. 87 - 78 = 9.

75. Voici deux situations. 1ère : Les trois filles ont la même mère et des pères différents. 2e : Les trois filles ont le même père et des mères différentes.

76. Un concombre moins un demi-concombre, soit un demi-concombre, pèse un kilo. Un concombre pèse deux kilos. Deux concombres pèsent quatre kilos. Une autre façon de faire le calcul est : si un concombre pèse un kilo et un demi-concombre, deux concombres pèsent deux kilos et un concombre. Un concombre pèse deux kilos. Deux concombres pèsent quatre kilos.

77. Une vache a vêlé et a donné un veau.

78. Le résultat est 2025. On prend le premier chiffre d'un nombre donné et on le multiplie par le même chiffre augmenté de l'unité. Ici, ce sera :

$$4 \times (4 + 1) = 20.$$

Cette règle s'applique uniquement quand le dernier chiffre est 5.

79. Elle voulait dire FAUX VRAI.

80. Il a oublié le *Catalogue des catalogues.*

81. Il y a 16 personnes dans la pièce et non pas 20. Les personnes assises dans les angles ne doivent pas être comptées deux fois.

82. Oui, Marie fume les cigares (six gares). Préférez-vous dire que ce problème est tiré par les cheveux ou par la pipe ?

83. Pour calculer le nombre des moutons, on compte le nombre des pattes et on divise par quatre.

84. Le dimanche, puisqu'il a cousu dix manches.

85. Il a rempli sept boîtes de 100 livres et une boîte de 10 livres. Il a placé les 70 autres livres dans une boîte de 100 livres.

86. Le nom de famille est Jean. On vous l'avait dit : C'est des cours à Jean !

87. Le ruisseau suit son cours dans son lit ; tandis que Nathalie ne peut pas suivre son cours dans son lit.

88. La table d'addition, la table de multiplication, la table de logarithmes, la table des matières, etc.

89. Non. Les quadruplées ne sont pas habillées de façon identique à cause des bottes. En effet, deux auront des bottes du pied droit et les deux autres du pied gauche. Par ailleurs, les mitaines sont toutes identiques.

90. C'est une expression palindrome. Elle peut donc être épelée dans un sens ou dans l'autre.

91. Non, ce n'est pas le cygne ni aucun autre auteur particulier. Le chant du cygne est la dernière œuvre d'un créateur ou d'une créatrice.

92. Les golfeurs le surnomment problème (pro blême).

93. Vert. Le parapluie est ouvert (tout vert).

94. Aucun. Un chiot est un jeune chien. Ça prend du chien pour faire un problème comme ça !...

95. 4 multiplié par 22 est égal à 88. Alors, 4 multiplié par 24 est égal à 96. Pour avoir 82, il aurait fallu écrire quatre-vingt-deux et, en conséquence, ajouter un trait d'union entre quatre et vingt. On demande donc : À quoi est égal 4 fois 24 ?

96. Pont, pied : pompier.

97. L’espace perdu correspondra à au moins 18 cubes. On ne peut pas remplir une boîte cubique avec neuf cubes. On pourrait le faire avec 1, 8, 27, 64, cubes, etc.

98. La route ou un rêveur.

99. Ce truc est théoriquement sûr. En effet, Martin empochera un dollar à chaque mise gagnante. Toutefois, s’il perd un grand nombre de coups, il devra débourser de grandes sommes, ce qu’il n’a probablement pas. Ainsi, si Martin gagne à la seizième mise, il aura déboursé 65 535 dollars et empochera 65 536 dollars. Tout cela pour gagner un dollar !...

100. Ce n’est pas Mardi, c’est Nathalie.

101. Zoo pourra se défendre avec un bouclier.

102. Séverin Avril a quatre enfants, sauf s’il vous pose un poisson d’avril. Le nombre d’enfants correspond au rang du mois dans l’année.

103. La lettre **A**. Elle est au centre du MAL.

104. Il faut connaître le principe de fabrication d’un dé, selon lequel toute paire de faces opposées contient 7 points. Les deux faces d’en arrière contiennent 9 points : le 5 et le 4. Vérifiez-le !

105. On enlève le 0.

106. Vu que l'hypothèse est fausse, on pourrait prouver toutes les égalités qu'on veut. On pourrait même partir de 3 est égal à 5 et montrer que 3 est égal à 3. Voici un raisonnement : 3 = 5. En soustrayant 4 de chaque nombre, on obtient -1 = 1. En élevant au carré chaque nombre, on a 1 = 1. En multipliant par 3, on a 3 = 3.

107. On emploie le mot *taille* pour désigner la hauteur d'une personne ou encore la mesure du tour de son corps à la ceinture. Les deux mesures de la hauteur ici sont identiques (1 m 80 = 180 cm). Ce que Sylvain dit nous amène à conclure que les deux ont un tour de taille différent.

108. Une hirondelle ne fait pas le printemps.

109. Le 16 mai au matin, Éva pèse 99 kilos et le soir 96. Il est normal que le lendemain, le 17 mai au matin, elle pèse 97 kilos. Les deux jours ne sont pas complets.

110. Au mieux, Presbi Thère évitera 103 années de purgatoire et non 300. Il est écrit trois fois de plus, c'est-à-dire (100 + 3) années.

111. La lettre **E**. Elle est au centre du mot JEU.

112. Oui, il existe encore un nombre infini de prunes. Les règles des nombres finis ne s'appliquent pas dans l'infinité.

113. Elle suppose, sans faire de calculs, que la réponse est inférieure, par exemple, à 1000. Elle soustrait successivement 63 et 28 de 1000. Puis, elle soustrait le résultat de 1000. En effet, 1000 - 63 - 28 = 909 et 1000 - 909 = 91.

114. Les murs ont des oreilles.

115. Sûrement pas à 22 heures, mais bien à 22 heures 15 minutes. Chaque émission est d'une heure : ce qui fait quatre heures. Vu qu'il y a trois pages publicitaires du début de la première émission à la fin de la quatrième, la publicité s'étend sur 15 minutes, ce qui fait en tout quatre heures 15 minutes.

116. Dans chaque échelle, il y a 11 espaces entre les barreaux. En plaçant les échelles l'une contre l'autre, il crée un espace. Le nombre d'espaces est donc de 23, comme s'il s'agissait d'une échelle de 24 barreaux.

117. Le merveilleux (le maire Veilleux).

118. C'est Maryse qui a raison. Anna a donné 8 dollars. Elle aurait dû donner 12 dollars puisqu'elle a reçu un livret de 2 dollars.

119. CHEVAL et VACHE.

120. Si on numérotait chaque Cupide de 1 à 100, on pourrait dire, par exemple, que les numéros 1 à 90 boivent du lait de vacheron. Les numéros 91 à 100, soit 10 Cupides, boivent du jus d'orangerie. Il y a donc 80 Cupides qui consomment chaque jour du lait de vacheron et du jus d'orangerie, c'est-à-dire 80 % des Cupides.

121. Les deux mitaines sont identiques. Les deux hommes ne sont pas identiques, à moins qu'ils ne soient des jumeaux identiques. Autre bonne réponse : aucune différence, les deux ont chacun quatre pouces.

122. Albumine a mis 19 œufs dans son omelette. Phonétiquement, dix neveux correspondent à 19 œufs.

123. Leur juron est *ciseau* (six os).

124. C'est Mi, car il est le petit-fils. C'est un mi-fils ?

125. Septembre, si on considère le nombre de lettres.

126. L'habit ne fait pas le moine.

127. Dé, pue, thé : député

128. Un papa peigne son poupon.

129. Trois rouets, car il y a un trio de femmes qui file.

130. Le crayon a huit faces : les six faces sur la longueur et les deux faces des extrémités.

131. Les lettres U, V, W, X, Y et Z sont arrivées en retard. Elles arrivent après le T.

132. Les trois mots sont : bureau de poste.

133. 22 + 2 = 24.

134. Géant Vert a raison. Pendant l'année, il a cueilli au-delà de 36 500 épis. Supposons que 30 000 épis ont un nombre consécutif de grains de 1 à 30 000, chacun des autres va avoir un nombre de grains identique à l'un des 30 000 épis.

135. Enveloppe ou épître.

136. Le nombre de personnes est de 28. Il ne faut pas oublier Emmanuelle.

137. Rémi peut former 4 nombres : 16, 61, 19, 91.

138. Le sixième bouquet contient 17 roses. La différence de roses entre les bouquets est

successivement 1, 2, 3, 4. Entre le cinquième et le sixième bouquet, il devra y avoir 5 roses.

139. Constance demeure au 20e étage du même building. Elle franchit quatre étages par jour.

140. Aimée remplit le récipient de cinq litres. Elle vide le contenu dans le récipient de trois litres. Il lui reste deux litres. Elle verse les deux litres dans le plus grand récipient vide. Elle fait les mêmes opérations une seconde fois.

Souvenirs anciens

141. $ 53.05

142. $ 3000

143. 182 livres

144. 52 ouvriers

145. $ 1166.25

146. $ 6.65

147. 146 volumes

148. 405 livres de beurre

149. 100 ans

150. $ 113.49

DES LIVRES POUR TOI
AUX ÉDITIONS DE LA PAIX

127, rue Lussier
Saint-Alphonse-de-Granby
(Québec) J0E 2A0
Téléphone et télécopieur
(450) 375-4765
Courriel info@editpaix.qc.ca
Visitez notre catalogue électronique
www.editpaix.qc.ca

COLLECTION **DÈS 6 ANS**

Francine Bélair
Mamie et la petite Azimer
Odette Bourdon
Shan et le poisson rouge
Dominic Granger
Bichou et ses lunettes

COLLECTION **DÈS 9 ANS**

Rita Amabili Rivet

Voyage sur Angélica

Louis Desmarais

Tempêtes sur Atadia
Tommy Laventurier
Le Bateau hanté
Indiana Tommy
L'Étrange Amie de Julie
(Sélectionné par Communication Jeunesse)

Josée Ouimet

Passeport pour l'an 2000

Manon Plouffe

Clara se fait les Dents

Manon Boudreau

Le Magicien à la gomme

Jean Béland

Un des secrets du fort Chambly
Adieu, Limonade !

Francine Bélair

Les Dents d'Akéla (Sélectionné par Communication Jeunesse)

Jean-Marie Gagnon

La Fiole des Zarondis

Isabel Vaillancourt

L'Été de tous les maux

COLLECTION **ADOS/ADULTES**

Jean-Pierre Gagnon

Don Quichotte Robidoux

Gilles Lemieux

Argent double et agent double

Isabel Vaillancourt

sr@fantome.com À vos risques et périls

Renée Amiot

Une Seconde chance

La Face cachée de la Terre

Paula Nadeau

Cauchemar sur la ville

Marcel Braitstein

Les Mystères de l'île de Saber, (Tome I)

Viateur Lefrançois

L'Énigme de l'œil vert

HORS COLLECTION

Hélène Desgranges

Le Rideau de sa vie

Le Givré

Steve Fortier

L'Île de Malt

COLLECTION **JEUNE PLUME**

Hélène Desgranges

Choisir la vie

Collectifs :

Pour tout l'Art du jeune monde

Parlez-nous d'amour

COLLECTION **RÊVES À CONTER**

Rollande Saint-Onge

Petites Histoires peut-être vraies (Tome I)

Petites Histoires peut-être vraies (Tome II)

Petits Contes espiègles

André Cailloux

Les Contes de ma grenouille

Diane Pelletier

Murmures dans les bois

COLLECTION **PETITE ÉCOLE AMUSANTE**

Charles-É. Jean

Remue-méninges

Drôles d'énigmes

Robert Larin

Petits Problèmes amusants

Virginie Millière

Les Recettes de ma GRAMMAIRE